ESTE HORRIBLE DESEO DE AMARTE

un poemario de
Santiago

hoy desperté
con el anhelo de besarte
imaginando tus labios
fundidos en mi boca
recorriendo los caminos
de mi cuerpo
acariciando suavemente
mis parpados
humectando mi piel
y humedeciendo mis sueños

quiero beber de tus ojos
quítame la sed.

sí supieras lo mucho que te amaba
cuando decidiste abandonarme
estoy seguro de que te odiarías por haberte ido
pero no lo sabías
y en ti no queda ningún remordimiento
ahora te sientes libre
y aunque ya no siento amor por ti
me quedó la pregunta de
si todo mi amor te resultó una carga
al momento de partir.

te prometí estar ahí para ti
por siempre sin condiciones
pero ¿quién va a estar ahí
para mí si tú no estas aquí?

dices que no me has olvidado
y que buenos recuerdos
te he dado
qué bueno saber que
me recuerdas con cariño
lástima que ese cariño
sólo en recuerdos queda.

tu silencio
me duele
porque está lleno
de indiferencia.

tengo que entender
que mi tiempo contigo
ha concluido
por más que quiera aferrarme
al pasado
a tus labios
a tus brazos
es imposible evitar lo inevitable
hoy te digo adiós
con el corazón en la mano
rogando que des la media vuelta
y digas que siempre estarás a mi lado.

cada que nuestras miradas se cruzan
en mi pecho explotan cientos de fuegos artificiales
que iluminan mis ojos
con los destellos de este amor
que me consume el corazón.

te perdoné porque sé que tu
intención no fue hacerme daño

nos amamos sin saber amar
nos besamos sin saber besar
nos tomamos la mano sin saber
a dónde nos llevaría el destino

estábamos confundidos
estábamos heridos
estábamos solos
y juntos
nos hicimos compañía

pero es momento de decir adiós
es momento de perdonar
en nombre de todo lo bueno
que nos supimos dar.

llegué a ti con las manos abiertas
con la intención de llenarte de mi amor
incondicional, cálido y sincero
y tú llegaste a mí con las manos abiertas
para enseñarme que el amor propio existe.

aprender a decir adiós
es doloroso.
pero ¿sabes que duele más?
destruir tú salud mental
aferrándote a algo que
desde hace mucho debía terminar.

sí nuestro destino es estar juntos
entonces no importa que hoy me despida de ti
porque el destino se encargará
de ponernos frente a frente
en el momento indicado.

agradezco cada día
el placer de besar tu boca
abrazar tu cuerpo
mirar tu rostro
escuchar tu voz
sentir tu piel
y amarte sin desdén,
porque el tiempo traiciona
y el destino es incierto
y quizás mañana
todo esto deje de ser nuestro.

no quiero perderte,
pero no quiero perderme nada de ti
porque tengo miedo de perderte en el camino
y mirar al pasado llorando por no haberte amado
durante lo que sea que el tiempo traicionero
me haya permitido amarte.

eras mi lugar seguro
hoy seguro estas en otro lugar.

soy dependiente de ti
y no quiero serlo
pero mi mente me traiciona
y no puedo evitar pensar
sí piensas en mí tanto
como yo pienso en ti.

hoy
antes de irte a dormir
recuerda que hiciste todo
lo que estaba en tus manos,
y que no importa
si para esa persona
no fuiste suficiente,
porque si estas en este mundo
es porque eres suficiente,
necesario e indispensable
para que el mundo gire
y cada mañana
salga un nuevo sol.

es que no importa
sí dentro mío nada tiene sentido
y la tormenta ahoga mi corazón,
yo siempre te veré con una
sonrisa en mi rostro
dispuesto a entregarte
todo mi amor.

contigo aprendí
que el amor no solamente
es un sentimiento

es desvelarse pensando
en si puedes dormir,
preguntarse si ya comiste,
escuchar cada suspiro,
observar cada sonrisa
y secar cada lagrima.

contigo aprendí
que para amarte
era necesario amarme
así que me amaste
para enseñarme
a quererme.

contigo aprendí que
aunque ya no estes aquí,
en mi memoria
siempre puedo abrazarte
una vez más.

si fueras capaz
de saber todo lo bueno
que depara adelante en el camino,
no tendrías miedo de decir adiós.

paso la noche llorando en mi habitación
tratando de soltar todo el dolor
que mi cuerpo acumula cada día
porque no tengo a nadie que quiera escuchar
los lamentos de este viejo
corazón roto.

toca mi pecho
para que sientas
la prisa que invade a mi corazón
cada que mis ojos te ven.

tú eres mi motor,
por ti late mi corazón.

te abrí mi mundo
y te dejé entrar en cada
espacio de mi corazón.

ahora no puedo estar en ningún lado
sin que tu fantasma aparezca
en cada lugar al que visitamos.

te veo en el cine, en la escuela,
en la calle camino a casa,
en las reuniones con mis amigos,
en la estación de metro, en el museo,
te veo en todas partes,
no soy capaz de olvidar.

el tiempo a tu lado
se pasa volando
el tiempo sin ti
lo paso llorando
el tiempo por ti
tiene sentido
el tiempo sin ti
me tiene abatido.

te abrí mi corazón
y usaste mis temores,
mis inseguridades y
mis sentimientos
en mi contra.

te quiero completa
de pies a cabeza
de adentro hacia afuera
te quiero entera
no te quiero a medias
te quiero caliente
no te quiero tibia
te quiero a ti
junto a mí.

dicen que el tiempo
cura las heridas
pero eso es mentira
tú debes curar tus propias heridas
el tiempo sólo las oxida
las infecta
las envenena.

es horrible tener
este miedo al abandono
estar a la defensiva
pensando que en cualquier momento
me sorprenderás con tu partida.

acepto mi destino
en este universo
y en el que sea,
pero que sea contigo.

es triste saberse olvidado
ser aquel que buscan
porque nadie te busca
ser aquel que habla
porque nadie te habla
ser aquel que llora
porque nadie te extraña.

no era el momento adecuado,
no era la persona indicada,
no era el lugar perfecto,
no era la razón correcta,
no es más que un justificante
que le doy a tu rechazo
porque sé que, si acepto la verdad,
sí acepto que tu conmigo no quieres estar,
entonces me echaré a llorar.

a veces sólo necesito
un abrazo tuyo
y que me recuerdes
tu amor diciendo "te amo",
a veces eso es todo
lo que necesito para ser feliz.

no minimices tus emociones
tu dolor es tan valido
como el de los demás.
no eres delicado
ni demasiado sensible
mucho menos exagerado,
sólo eres un ser humano
con el corazón lastimado.

me aferré tanto a ti,
al recuerdo de ti,
que no fui capaz de notar
el mundo que me rodeaba
y me mostraba cientos
de posibilidades
de ser feliz
lejos de ti.

hay momentos en los cuales
únicamente necesito un abrazo tuyo
no sé explicar la razón ni el motivo
sólo sé que tus brazos me darán
la calma que necesito
así que no me preguntes
sólo abrázame amor mío.

tan fácil te resultó decir adiós,
tan fácil fue dejarme de hablar,
de sonreír, de abrazar y de besar.
tan fácil fue encontrar mi remplazo
que incluso me he llegado a preguntar
si realmente me llegaste a amar.

aceptar que alguien mas
será quien viva la vida
que siempre soñé junto a ti,
esa vida que soñamos juntos.
eso es lo que me quema por dentro.

no puedo más que desearte
lo mejor, de verdad espero
que te sucedan cosas buenas,
porque mereces ser feliz,
y espero seas capaz de creer
que mereces cada cosa buena
que la vida ponga en tu camino.

somos tan descuidados
que no somos capaces
de ver todo lo que nuestras
acciones son capaces de desatar
en la vida de todos a nuestro alrededor.

somos infinitamente pequeños
dentro del infinitamente
inmenso universo,
pero nuestra acción más pequeña
impacta en cada galaxia.

cada acción, cada palabra, cada pensamiento,
todo en nosotros
somos gigantes pequeñas partículas del universo.

eres fuerte
y tu fuerza no está en tus brazos
ni en tus piernas
mucho menos en tus manos,
tu fuerza está en tu mente
y en tu corazón
que se esfuerzan día a día
por lograr levantarte
y seguir adelante,
por no darte por vencida
y salir a la calle a vivir la vida,
eres fuerte y eres valiente.

este horrible deseo de amarte

cada noche pido
entre sueños y suspiros
volver a coincidir contigo.

algún día te darás cuenta
de que la felicidad no estaba
en destruirte siguiendo
los pasos y las exigencias
del resto,
la felicidad está en la esperanza,
en los abrazos, en los besos,
en las charlas con los amigos,
en mirar los amaneceres
tomado de su mano,
en los pequeños detalles
que hacen de esta abrumadora
experiencia a la que llamamos vida
algo más placentero.
la felicidad está contigo,
la felicidad está en ti.

debiste decir algo
necesito que digas algo
necesito que digas que me quieres
que te gusta como visto cuando vienes
que extrañas mis abrazos
que el cielo se está nublando

dime que me amas
o dime lo que sientes
dime lo que quieras
pero por favor
dime algo.

y aquí sigo
aferrándome
a vivir una vida
que se esfuerza
en deshacerse
de mí.

fue mi error
buscarte para
que me cures
porque tu fuiste
quien me hizo daño,
era como pedirle
a un cuchillo
que sanara las heridas
que había causado.

abrázame
hasta que se me olvide
que no te volveré a ver.

por ti sé que soy humano
por ti fui capaz de amar
fui capaz de llorar
fui capaz de sentir
fui capaz de querer morir,
por ti sé que soy humano
sé que soy capaz de sufrir
sin morir.

todos los lugares
a los que voy en esta ciudad
me recuerdan a ti,

necesito salir de aquí.

odio esa sonrisa que se forma
en tu rostro cada que te pregunto
como estas, como va tu vida,
porque mientras yo estoy aquí
preocupado pensando en ti,
queriendo saber de ti,
tú sólo estas ahí lleno de soberbia,
creyendo que jamás me perderás,
con esa sonrisa que no dice nada,
pero que me demuestra
que la única razón por la que sigues aquí,
es para llenar tu ego
con mi amor.

dices que me amas,
pero no puedes amar a nadie,
porque para amar necesitas
que corra sangre por tus venas,
porque para amar necesitas
de un corazón que sea capaz de latir,
y tú no tienes nada de eso
dentro de ti.

a veces es mejor decir adiós
aunque después pases
noches enteras llorando
tardes completas gritando
mañanas sin querer vivir
porque es mejor vivir triste
que vivir sin amor
abrazado a la esperanza
de algo que nunca va a llegar.

de nada me sirve
que me llenes de promesas
de amor eterno
y amor sincero
si no eres capaz
de sentir amor por mí.

no quiero más promesas vacías de amor.

tengo miedo
de que un día
dejes de mirarme
con esos ojos llenos
de amor
y comiences a verme
de la forma
en la que yo me veo.

no importa cuánto me esfuerzo
mi amor por ti nunca es suficiente
y eso me hace sentir impotente
incompetente
e innecesario
quiero saber que lo que hago por ti
basta para ganarme tu amor
pero no quiero que tu amor por mí
este condicionado a que tanto
amor te puedo dar yo.

cada que tengo un día nublado
tú eres mi sol
tú das calor a mis mañanas
e iluminas mis atardeceres.

contigo aprendí lo
que es la confianza

no tengo que confirmar
absolutamente nada

porque cuando dices
que vas a estar junto a mí
dices la verdad

cuando dices que me amas
puedo sentirlo.

sólo necesito que me tomes de la mano
y me digas cuanto me amas al oído,
quiero que me abraces fuertemente
y me dejes acurrucarme junto a ti,
necesito que me dejes besar tu boca
y morder tus labios bajo la luna,
sólo te necesito aquí un momento,
yo me encargaré de que ese momento
dure para siempre.

por favor regresa
sólo dame un minuto
para sentir tu amor
y estar seguro de
que nada de esto
es un sueño

te amo.

te dije que te amaba
y no dijiste nada
solo tomaste mi mano
la acercaste a tu pecho
y me diste el beso más tierno

contigo aprendí que el lenguaje del amor
no se limita a las palabras,
contigo aprendí que el amor también
se puede ver con los ojos,
se puede escuchar con los oídos,
se puede sentir en la piel
y puede dar calor al corazón

contigo aprendí lo que es el amor.

yo no quería una relación
porque la vida me resultaba
demasiado complicada
para agregarle más problemas

pero llegaste tú y entraste en mi vida
para demostrarme que cuando
hay amor, la vida se vuelve más sencilla.

no es necesario
esperar a otra vida
para que todo funcione,
yo me haré cargo de que
todo funcione en esta vida,
junto a ti, contigo.

confié mi cuerpo y corazón en tus manos
pero no tuviste la fuerza para sostenerlo,
ahora está en el piso hecho pedazos.

no debería preguntar por amor
no debería preguntar por un abrazo
no debería preguntar por un beso
no debería preguntar por un hombro donde llorar
no debería preguntar por alguien con quien charlar

ahora que te encontré
me di cuenta de que no debo preguntar
por el amor de un compañero
porque contigo me di cuenta
que cuando se ama
uno está ahí
para el otro.

quisiera haberte encontrado antes
para evitarme tanto dolor y sufrimiento
pero he aprendido que el amor
siempre llega en el momento en que tiene que llegar
no antes
no después
nunca llega con prisa
nunca llega tarde
siempre en el momento justo.

qué bueno que llegaste ahora
porque para poder encontrarte
primero debía encontrarme a mí mismo.

hay momentos en la vida
en los que conoces a la persona indicada
a la persona atenta llena de amor para ti
un amor puro y sano que es capaz
de sanarte y nace en ti
cada amanecer que esta tierra
ha presenciado,

pero por extraño que parezca, no puedes
responder a ese amor de la misma manera,
no entiendes por qué, no sabes cuál es la razón,
pero ese amor no puede ser reciproco,

y te arrepientes cada noche
porque sientes que ese amor tan bueno
no lo mereces, porque sabes que no es justo
tener a alguien esperando frente a tu puerta
cada noche bajo la lluvia con la esperanza
de que ese amor que te ofrece algún día
se reciproco para él, pero no es así
y tienes que decir adiós,

amar es bueno, pero amar toda la vida
sin ser amado es doloroso,
yo he estado ahí y por eso sé que no quiero
que tú estes ahí, por eso con el dolor de mi corazón,
debo decirte adiós.

si estas leyendo esto
está es una señal
para que tomes un respiro
y recuerdes que eres suficiente.

la gente no es temporal
cuando alguien viene
y se va
su vida sigue
no termina ni se detiene
su tiempo no ha acabado
y el tuyo tampoco.

todo pasa por algo,
pero ojalá
nunca hubiera pasado
nada de lo que pasó.

irse sin despedir
es de cobardes,
despedirse de esa persona
que amas pero que sabes
que lo mejor es decir adiós,
eso es de valientes.

no importa cuanto tardes,
tomate el tiempo que necesites
para volver a sentirte completo.

la vida no ha terminado,
no estás muerto,
sólo estas profundamente
triste,

pronto saldrás de ahí,
lo prometo.

amarte me llena de valor
para seguir caminando
sobre este camino
lleno de clavos.

necesito terminar con esto
necesito que el mundo avance
y necesito avanzar con él
me duele el cuerpo esperando
respuestas que no llegan
y el tiempo no se detiene
para mí, debo avanzar.

ojalá todo este sufrimiento
tenga una recompensa,
porque siento que ya no puedo,
y no quiero detenerme hoy.

en sus ojos encuentro
el tiempo a su lado,
y la vida vuelve a tener sentido.

por favor nunca me prives
de tu mirada, porque la vida
se detiene para mí
si no puedo volver a mirar
dentro de ti.

me prometiste
que esto duraría
para siempre...

hoy busco te busco entre las sábanas,
pero no te encuentro.

siento como si estuviera llegando al final,
pero no es mí final,

es nuestro final.

me duele escuchar
que eres feliz sin mí,
espero sea verdad,
de esa manera al menos
uno de los dos es feliz
con este final.

no me dejes ir
aférrate a mí
que no tengo nada más
que me sostenga.

creímos ser infinitos
pero éramos efímeros.

no quiero estar solo

no me dejes solo

no soporto estar solo

no encuentro paz
sí estoy solo.

no pudimos mantener
nuestro amor por mucho tiempo
porque sabíamos muy en el fondo
que nuestro destino no era
amarnos el uno al otro.

no todas las historias
tienen un final feliz
la nuestra tuvo un final
y eso fue suficiente.

encontré el universo
tomado de tu mano
corriendo entre las calles
de esta ciudad
que se sumerge en la oscuridad
de una noche infinita
rodeada por un cielo
lleno de estrellas
que iluminan nuestro camino

encontré el universo
tomado de tu mano
y ahora no quiero soltarte.

mañana será otro día
y quizás esta noche
pueda dormir
sin esperar encontrarme
contigo en la mañana

quizás un día
pueda dejar de esperarte.

te he llorado tanto
que no puedo evitar
sentir rencor
aunque no debo
pues nuestro amor
ya terminó
pero lo que no ha terminado
y de lo que no me puedo deshacer
es de este horrible deseo de amarte.

la nostalgia invade mi mente
y la tristeza a mi corazón,
no puedo evitar pensarte
con melancolía
no puedo evitar pensarte
con dolor.

todo lo que vivimos
fue todo lo que sentimos
y en esas noches juntos
nuestros destinos fueron escritos

lástima que no pudiéramos escribir
un destino juntos.

aunque por dentro sientas
tanto amor, a veces es necesario
decir adiós, y eso no te hace débil,
saber cuándo termina una historia
no te hace un perdedor.

a veces estamos tan concentrados
en volver a sentir esa emoción
que se siente la primera vez que amas
esas mariposas que revolotean
en nuestras entrañas
que nos perdemos de amar
a quien puede curar
el dolor de nuestras heridas.

por llorarte no fui capaz
de ver el amor que me rodeaba
mis amigos, mi familia, el mundo entero
lleno de nuevas posibilidades de ser feliz,

por llorarte no fui capaz
de vivir.

no me puedes reprochar
sentir dolor por decir adiós
no puedo evitar llorar
por un montón de expectativas
en el amor que no se han cumplido,
te amé y fui feliz, fuimos felicites,
pero decir adiós nunca es fácil
y olvidar no es posible.

saber decir adiós,
saber decir hola,
saber cuándo parar,
saber cuándo volver a empezar

espero lo mejor
porque sé que esto pasara
y algo nuevo llegará.

y espero que mi recuerdo
nunca desaparezca de tu mente
porque el tuyo nunca se ira
de mi cabeza
y cada que aparezcas en ella
en mi rostro se formará una sonrisa.

alejarme de ti es difícil
cómo le dices a tu cuerpo
que tome distancia de aquello
que una vez lo hizo feliz.

cómo puedo deshacerme
de este horrible deseo de amarte
si llevo tu perfume impregnado en la piel
si tus besos están clavados en mi cuello
si tu voz está gravada en mi mente
y tu rostro en mis ojos,
cómo me deshago de este amor
que me consume cada noche
y me destruye cada día
porque no soy capaz de
olvidarme de ti
olvidarme de nosotros.

la soledad se ha vuelto
una buena amiga
la conozco desde pequeño
cuando quedarme solo en casa
era mi momento favorito del día
porque nadie más quería estar conmigo

tu hiciste que me distanciara de mi soledad
y ahora no quiero estar solo,
no te vayas, abrázame fuerte.

la esperanza da valor a la vida
a seguir adelante
luchando por llegar a tan esperado
final, a tan esperado encuentro,
pero nadie te dice que la espera
lástima, duele, me hace agonizar,
la esperanza da valor, pero esperar
en nombre de la esperanza
a un amor que no llega
vuelve cada día
una aventura llena de agonía.

cada buen momento de la vida
viene acompañado de una fuerte sonrisa
de un montón de felicidad
y de suaves caricias al corazón,
cada buen momento de la vida
se queda grabado en la memoria
y viene acompañado de buenos recuerdos
lo que nadie te advierte
es que cada buen momento de la vida
viene acompañado por esa horrible
sensación de querer regresar a él
durante el resto de tu vida

le llaman nostalgia.

en todo este tiempo he pasado
de amarte a odiarte por no amarme,
de quererte a asquearme de ti,
de velar por tu bien a esperar por tu desgracia,
de esperarte con ansias a desear que no regreses,
todo en nombre del amor,
un amor que vive en mi corazón
y que antes daba fuerza y ahora da vergüenza,
todo en nombre de
este horrible deseo de amarte.

pero al final
este amor que por ti siento
no es culpa tuya,
esperar que sea correspondido
es egoísta de mi parte,
y ya me di cuenta
de que debo dejar de culparte
por ese amor que en mí
no termina

que egoísta de parte mía
culparte por este horrible
deseo de que me ames.